Domitille de Pressensé

émilie
fête son anniversaire

Mise en couleurs : Guimauv'

attention !
voilà le gâteau
d'anniversaire.

bon anniversaire !
émilie !

émilie souffle **très fort**
sur les bougies.

vive émilie !

et maintenant, les cadeaux, dit nicolas.

émilie se dépêche d'ouvrir les mystérieux paquets.

oh ! merci. j'adore mes cadeaux, dit-elle.

son frère et
ses cousins
lui ont offert :

un joli bracelet
de perles,

un drôle
de doudou fait
de chaussettes,

un petit caillou
porte-bonheur,

un petit sac
en tissu,

et un monstre
pour faire peur
aux cauchemars.

et maintenant le gâteau !

miam ! qui veut
une grosse part ?
demande émilie.

oups !

c’est difficile à mettre
dans l’assiette...

...très, très difficile !

encore raté !
fais attention, émilie.

arrête de bouger ton
assiette, nicolas.

mais c'est pour t'aider.
tu vises trop mal.

ah ! mon gâteau...

catastrophe de
catastrophe !

puisque c'est comme ça, je reprends mon cadeau ! dit nicolas.

d'abord t'as pas le droit...

tu exagères !

on ne reprend pas un cadeau qu'on a donné.

bon, d'accord,
grogne nicolas.

de toute façon j'ai pas
peur des cauchemars.

regarde, nicolas !

les oiseaux viennent
goûter ton gâteau.

oh !

attention, sidonie !

ah, mon gâteau !

et voilà, une deuxième part pour les oiseaux, sourit nicolas.

c'est super !

avec ces deux parts,
on va faire un gâteau
exprès pour eux.

venez les oiseaux
et tous les animaux !

je vous invite à mon
anniversaire !

et si on s'installait
à côté d'eux ?

bonne idée !
s'écrient les cousins.

alors, on fabrique une belle nappe avec les papiers cadeaux.

et stéphane apporte
les deux dernières
parts du gâteau.

une pour nicolas et
l'autre pour sidonie.

comme on est bien
tous ensemble !
dit émilie.

c'est l'anniversaire
le plus beau de toute
ma vie !

Casterman
Cantersteen 47
1000 Bruxelles

www.casterman.com
Mise en page : Guimauv'

ISBN : 978-2-203-09145-0
N° d'édition : L.10EJDN001468.C002

Achevé d'imprimer en mars 2016, en Italie.
Dépôt légal : avril 2015 ; D.2014/0053/169
Déposé au ministère de la Justice, Paris (loi n° 49.956 du 16 juillet 1949 sur les publications destinées à la jeunesse).